Nicole Durand

ABSENCE/PRÉSENCE

ABSENCE

L'ABBÉ TISNE

Il a donné un souffle nouveau à la vallée
Des petites églises ont été restaurées
Grâce à lui, la belle musique
A retenti dans l'église, magnifique :
Des concerts fleurissaient
Éclectiques et nous ravissaient.
Après la messe, un moscatel frais
Égayait notre palais.
Il prenait soin des paysans
D'Amérique Latine et envoyait des médicaments
En Afrique dans divers dispensaires :
Après l'être, c'était le faire
Cher Abbé Tisné
En Paix, reposez.

PARFUM D'ANTAN

L'abbaye de Flaran
Avait un parfum d'antan.
La voûte de la cuisine, remarquable
Dans le château de Cassaigne était admirable :
Elle retentissait de chants d'autrefois
Où les absents élevaient leurs voix ;
Ils se rassemblaient
Pour déguster différents mets.
Dans l'église de Mouchan la chorale
Leur offrait de belles vespérales.
Dans le verger, les pommes colorées
Remplissaient leurs paniers.

LE ROUGE-GORGE

Petit oiseau familier de nos jardins
L'hiver, il recherche la compagnie des humains.
Il chante toute l'année
Et embellit nos journées :
Son chant typique
Une suite de notes roulées et sifflées, est magique.
Il défend son territoire
Et veut avoir la victoire
Il veut protéger son nid
Mais l'ennemi aura raison de sa vie.
Son chant restera gravé dans mon cœur
Qui faisait mon bonheur.

L'ACCORDEUR DE PIANO

Il passait tout l'été
En short : c'était sa façon
De partir en congés.
Il ne quittait pas sa maison
Et tenait compagnie à ses objets préférés :
Pianos, divers instruments, à foison
Ils étaient essuyés, bichonnés
Il dialoguait avec eux, non sans raison :
Ils lui rendaient sa gaieté ;
Grâce à eux, il n'était pas dans l'abandon
Mais savourait ces instants passés
Qu'il entretenait avec passion.

AU REVOIR

Les oiseaux blancs, les hirondelles
Tournoient à tire-d'aile
Autour de chez nous
Dans un ballet un peu fou.
Ils sont venus nous dire au revoir
Avant de s'envoler vers d'autres espoirs.
Quand vient l'automne
Ils nous abandonnent.
Nous les regardons plein d'émotion
Avec eux, nous sommes en connexion.
Le printemps nous les ramènera
Nous les attendons déjà.

NICOLAS

Avec Nicolas
Nous allions au bois
Il me parlait de cinéma :
C'était sa passion
Il mettait en scène plusieurs actions
Je l'écoutais avec attention.
Tout à coup, le coucou faisait entendre son chant
Nous l'écoutions, contents
Et nous chantions gaiement :
« Dans la forêt lointaine, on entend le coucou
Du haut de son grand chêne, il répond au hibou
Coucou, hibou, coucou, coucou, coucou. »

OCTOBRES PASSES

Je suis venue à la montagne
La nostalgie me gagne.
J'entends ce chant d'autrefois
Évoquer les fleurs des bois :
« Colchiques dans les prés
Fleurissent, fleurissent
Colchiques dans les prés
C'est la fin de l'été.
La feuille d'automne
Emportée par le vent
En rondes monotones
S'en va tourbillonnant. »

RENCONTRE

Aigle Noir il s'appelait
William désormais
Mais son pays n'oubliait.
Élevé dans un tipi
Il avait atterri à Paris
Il gardait la nostalgie
De son pays lointain
Où la tribu partageait le pain
Où l'honneur, la dignité, le respect n'étaient pas vains.
Il savait parler aux oiseaux
Et jouait du pipeau
Avec une herbe, trouvait les mots.

ABSENCE DE PLUIE

La pluie me manque vraiment
J'aimerais entendre son gazouillis
Pénétrer la terre lentement
Et lui rendre vie.
Mais l'anticyclone n'est pas finissant
Il trône à l'envi
Le soleil est brillant
Que chante la pluie !
Je me tourne vers le Tout-Puissant
Que nous ne périssions pas sous le soleil qui luit !
Ce pays redeviendra rutilant
S'il nous donne un peu de répit.

MON PÈRE

Il nous a quittés brutalement
À cinquante-trois ans
Il me manque souvent
Dans mon rêve, je le revois
Venant vers moi
Sur le chemin là-bas.
À peine née
Il voulait, de moi, se débarrasser
Après, j'étais sa préférée :
Il m'appelait tendrement « Poulou »
Me tenait sur ses genoux
Lorsque mes sœurs, en voyage, étaient loin de nous.

LA LAVANDIÈRE

Ma mère se faisait lavandière
Ou plutôt bugadière
Une appellation voisine de buandière.
Elle trempait son linge dans un bain
Qu'elle lavait à la main
Tous les matins.
Elle avait une machine à laver
Qui n'était pas acceptée
Malgré sa commodité.
Elle trouvait un réel plaisir
Tous les jours à accomplir
Ce travail qui ne la faisait pas vieillir.

LE CHEMIN DES BUIS

Le chemin de Caneilles
Est une merveille.
L'odeur des buis, en cette fin d'année,
Me ramène au passé :
Ils entouraient la maison
Comme un cocon.
Ma mère se promenait
Au milieu d'eux, sans arrêt.
Avec ma sœur, ils nous servaient de cabanes
Pour nos jeux dont nous n'étions pas en panne.
En eux, se nichaient les oiseaux
Qui les protégeaient des fléaux.
Cet écrin de verdure
Nous remplissait d'une joie pure.

ANNE-MARIE

Elle trônait à l'accueil
Et avait l'œil
Sur tous les résidents
Qu'elle connaissait vraiment.
Elle leur apportait du réconfort :
C'était une femme en or
Elle avait un mot pour chacun
Sincère et opportun
Son sourire, venant du cœur
Nous remplissait de bonheur.
Un jour, elle est partie
Est venu l'ennui.

NOSTALGIE

Joséphine ne me parlera plus
Avec des mots éperdus
De son pays perdu.
C'était la Tunisie
Qui l'avait accueillie
Et où elle avait grandi.
Elle regrettait ses parents
Avait la nostalgie du clan
Ses souvenirs étaient éblouissants.
Tous les lundis, je la voyais
Ce jour, elle embellissait
Et son pays, je visitais.

PRÉSENCE

LA PLUIE EST REVENUE

Il coule à nouveau
Mon petit ruisseau
Il est si beau !
La pluie était attendue
Elle est revenue
Elle est la bienvenue !
Le cri des perdrix
A retenti
Dans les semis.
Le chant des grenouilles, près des labours
Est à nouveau de retour :
Il annonce de nouveaux jours.

À PANASSAC

Les moutons paissent
Dans la clairière.
Pour que naissent
La joie et la lumière
Le petit troupeau s'empresse
Sans aucune barrière
De louer sans cesse.
Il fait monter sa prière
Jusqu'à ce qu'apparaissent
La paix, la délivrance entière.
D'hier et d'aujourd'hui se déploie l'ivresse :
L'Éternel a hissé sa bannière.

SUR LA SEINE

Nichée au creux de la verdure
Je contemple les bateaux.
Portée par une joie pure
Je me réjouis de ce tableau.
Détachés de la vie dure,
Ils s'abandonnent à l'eau.
Sur le pont, d'un arbre la ramure,
Nous invite au repos.
La Seine revêt son armure
De douceur, comme dans un halo.
Belle est sa parure
Appréciée des oiseaux.

LA PLAGE DE LA BADINE

Tout près des pins, imagine
La plage de la Badine :
Le sable est partout
Et à mes pieds, très doux
La famille, presque au complet
Joue gaiement au volley.
Où es-tu parti
En ce milieu d'après-midi ?
Boire un café
Au Carbet.
La presqu'île de Gien
Ne nous veut que du bien.

CHANTAL

Sa maison, au pied du clocher
Respire la beauté.
Elle prend soin de son jardin
Dès le matin.
Elle aime rapprocher les gens,
En organisant des repas succulents :
Huîtres, tournedos
Le champagne coule à flots
Elle s'adonne à la peinture
Avec une ardeur pure.
Elle sert son Seigneur
Avec grand bonheur.

LES TABLEAUX

Les paysages, dans les tableaux
Paraissent plus beaux.
Ils élèvent l'âme
Comme une merveilleuse gamme :
Ils déploient leur musique
Dans une symphonie fantastique.
Ils nous parlent à travers les âges
Et nous offrent un beau voyage
Leur palette nous émerveille
Et met nos sens en éveil.
À les contempler
Mon cœur s'est renouvelé.

LE JEUNE

Drapé dans sa bure
Il se prive de nourriture
Son intention est pure.
Ce jour est différent
Il appréhende le temps
Plus lentement
Sa recherche n'est pas vaine :
Libéré de ses chaînes
Il n'a plus de haine
Il est plus présent à lui-même
Davantage, il s'aime
Et la joie il sème.

LA PLAGE DES PINS PENCHES

Sur les pins penchés,
Le cerf-volant s'est accroché
Le chant des cigales
Sans arrêt nous régale.
La posidonie
Est signe de vie
Jean-Paul s'accroche à son rocher
Comme à celui de son passé
Mais il s'appuie sur un rocher plus sûr
Qui, la vie éternelle, lui assure.
Les familles profitent de la mer
Le temps s'accélère.

LA MER

La mer me parle
Comme le harle
Et elle me reparle
Elle me dit :
Qu'as-tu fait de ta vie ?
Vis l'instant d'aujourd'hui.
La houle
M'enroule
Dans un silence qui coule
Face à la mer
Mon âme erre
Sur des ciels amers.

LE PLASTIQUE

Le plastique est partout
Il envahit tout
Il nous rend fous.
Il est automatique
Même en Afrique
Où il est anarchique
Dans les océans,
Il règne en grand
Il est tout-puissant
Il étouffe la vie
Il n'y a pas de répit
La planète est en sursis.

LE SONGE DE LA SAINT SYLVESTRE

Ma faiblesse m'envahit
Ma misère ne me laisse pas de trêve
Mais je me tourne vers l'infini
Et dans mon rêve,
Je m'abandonne à lui.
Au-dessus des ruines, je me soulève
Avec une nouvelle énergie :
La danse m'élève et les élève.
La confiance me saisit
Le Seigneur parachève
La créature non finie
Et fait renaître la nouvelle Ève.

GRATITUDE

Vivre le temps présent :
Aujourd'hui est mon jour préféré
Je vais aller de l'avant
Je ne veux pas être freinée
Il n'y aura plus de tourment
Venant de mon passé.
Tu veux être aussi résilient
Et ne pas t'attarder.
Tu seras résistant
Ne plus être un disque rayé
À ta blessure, point d'attachement
Mais être complètement libéré.

RENAITRE

Tu es né en moi
Au jour de mes vingt ans
Je ne vivais pas
J'étais morte en dedans.
Tu as mis mon cœur en émoi
Il est redevenu vivant
Qu'avais-je fait sans toi
Sinon errer indéfiniment ?
Tu m'as donné la foi
La foi d'un enfant.
Je veux revivre cet Amour d'autrefois
Et te rendre présent :
J'entends Ta voix
Me dire : « C'est comme avant »
Alors, je suis dans la joie.

LE GRAND RETOUR

Les oiseaux blancs sont de retour
Ils m'émerveillent toujours
Je vais leur dire bonjour.
Ils se tiennent au flanc
Des vaches, tendrement
Les accompagnent fidèlement.
En ce début d'année
Mon petit ruisseau est déchaîné
Son chant est plein de gaieté.
Dans cette atmosphère
Un peu grise d'hiver
Se repose la terre.

ABSENCE/PRÉSENCE

ROBIN

À peine né
À Purpan, il a été emporté :
Sa vie était en danger
Pendant deux longs jours
Ses parents n'ont pu lui dire bonjour
Ils ont attendu son retour
Après son absence,
Ils ont apprécié sa présence
Ils étaient dans la confiance.
Ils ont savouré cet instant
Parce qu'il avait été absent
Ce fut un émerveillement.

SUBLIMATION

Il est si proche et si lointain
Le Seigneur a posé sur eux sa main.
Il les protège
Du sortilège
Il ne veut pas d'adultère
Il est pour eux comme une mère :
Il aura raison
De leur déraison
Il domine sur leur cœur
Il est vainqueur.
Selon Freud, la sublimation
Est meilleure que la passion.

LA PLAGE DE L'ALMANARRE

À l'Almanarre, le soleil irise l'eau
Je me tourne vers le Très Haut
Je marche lentement
Sur le sable tout blanc.
La famille joue au ballon
Et c'est tout bon.
Nous goûtons cet instant
Ancrés dans le présent.
Mais les absents sont là
Nous accompagnant pas à pas.
Le temps s'est arrêté
C'est encore l'été.

OU ES-TU PAPA ?

Où es-tu Papa ?
Le Père était là
Avec son fils sur la croix
Tout contre lui
Il était meurtri
Et poussait un cri.
Au sein de la souffrance
Visitée par la non-violence
Du Saint-Esprit, ce fut la puissance
Il n'y a de paternité
Que sacrificielle et toute donnée
Seul remède, La Trinité.

À PAU

Dans la cité de Pau
On redécouvre la poule au pot
Les souvenirs d'autrefois
Nous ramènent au roi :
Henri IV avait rendu précieux
Ce mets délicieux.
Il pleut abondamment
Sur les palmiers très présents
Nous poursuivons notre promenade
À travers les rues en enfilade.
Le jardin japonais
Nous offre la paix.

LA PETITE FILLE

L'enfant hurlait de faim
Dans son berceau, en vain :
Ses parents l'enfermaient à clef
Pour aller travailler.
Sa tante, enjambant la fenêtre avec énergie
Lui a donné le biberon, la vie.
Cette enfant, c'était moi
Je l'ai entourée de mes bras
Longtemps cajolée
Embrassée, bercée
Le Seigneur a guéri ma blessure
Le vin du Saint-Esprit a jailli comme une eau pure
Après les larmes, le rire :
C'était, de l'Éternel, le sourire.

SI LOIN ET SI PRÈS

Tu es loin
Tous les matins
Je te parle en vain
Je t'ai cherché
Je ne t'ai pas trouvé
Je suis désespérée.
Soudain, ton visage surgit sur la toile
Il se dévoile
Comme derrière un voile
Tu resteras présent
Malgré le temps
Comme un souvenir d'antan.

MON SEIGNEUR

Sur le rivage, le dos tourné
Il m'appelle à Lui
Je ne vais pas m'en détourner
Son appel est précis.
Je vais traverser
Le fleuve endormi
Et le rejoindre pressée
Mais Il est parti
Sur la berge opposée
Je le poursuis
Et Il va reposer
En moi, pour la vie.

L'IMAGE

Cette image était là
Plantée en moi
Elle attendait,
Elle soupirait
J'étais absente d'elle
Je ne la trouvais pas belle.
Mais elle a surgi
À la vie
Elle s'est dévoilée
Et je l'ai goûtée :
Elle a enrichi mon présent
Et je la porte indéfiniment.

« L'HOMME ÉTOILE » DES SOINS PALLIATIFS

Il ajoute de la vie
Aux jours finis
De Denise, ailleurs partie
Sa présence est apaisante
Son approche bienfaisante
Et réconfortante
Il lui met de la musique
Elle la trouve magique
Et se montre prolifique
Elle revient dans le monde présent
Grâce à cet homme aimant
Qui l'accompagne admirablement.

LES MOTS

Ils sont absents
Enfouis profondément
Inexistants.
Et soudain ils affleurent
Sourient ou pleurent
 À leur heure.
Ils célèbrent la vie
Ou convoquent les soucis
Ils se font alanguis
Ils parlent du passé
Du présent revisité
De l'avenir espéré.

LES ABSENTES

À Pardailhan, nous sommes réunies
Pour un repas ce Vendredi
Nous nous souvenons de nos amies :
Eliette, avec son rire, nous égayait
Hélène, de ses histoires, nous comblait
 Lucette, par son élégance nous charmait.
Elles nous ont accompagnées
Pendant de nombreuses années
La maladie les a rattrapées.
Malgré le vide immense
Leur absence
Est présence.

LA PIANISTE

Lorsque le froid sévit
Elle choisit
De mettre en parenthèses sa vie
Comme la marmotte
Elle grelotte
 Et disparaît dans sa grotte.
Le froid mord
Le piano dort
Elle s'endort.
Elle renaîtra au printemps
Avec l'oiseau, le vent
Et nous régalera de son talent.

LA POÉSIE

La poésie est absence
La poésie est présence
Elle est abondance.
Elle éloigne le chagrin
Comme la caresse du matin
La brise légère enfin.
Comme la vague, elle s'enroule
Un repos dans la houle
La musique qui coule.
C'est un cri d'amour
Au point du jour
Qui attend son retour.

ABSENCE/PRÉSENCE
PHOTO JOHN BATHO

Éditeur :

Books on Demand GmbH,
12/14 rond-point des Champs Élysées,
75008 Paris, France

ISBN : 9782322201969

Impression :
Books onDemand GmbH,
Norderstedt, Allemagne

www.bod.fr

Avec le soutien de Dialoguer en poésie

Dépôt légal : janvier 2020